Couverture inférieure manquante

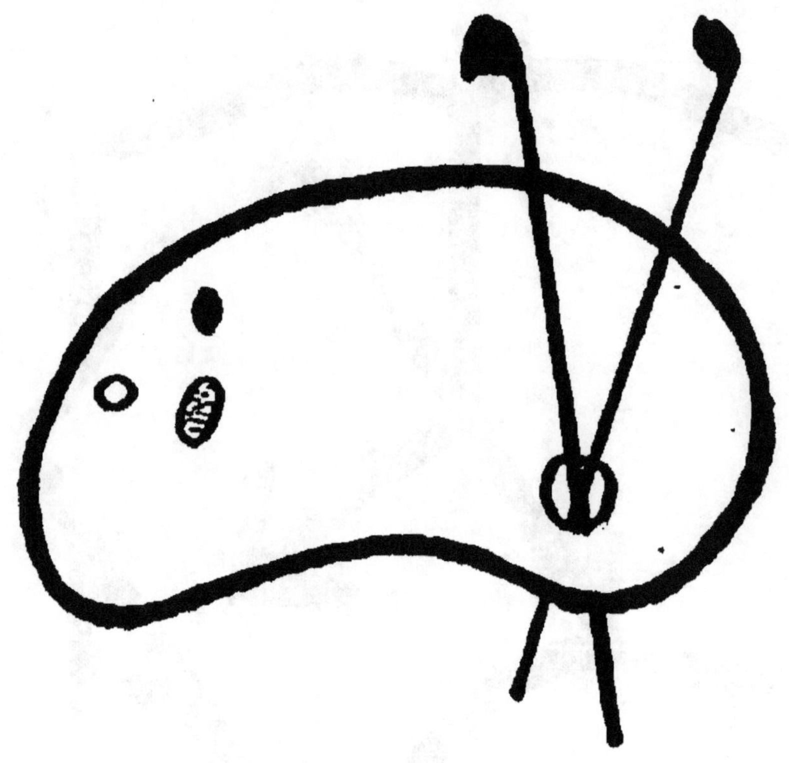

DÉBUT D'UNE SÉRIE DE DOCUMENTS
EN COULEUR

ANNALES DU MUSÉE GUIMET

REVUE
DE
L'HISTOIRE DES RELIGIONS

PUBLIÉE SOUS LA DIRECTION DE

M. JEAN RÉVILLE

AVEC LE CONCOURS DE

MM. E. AMÉLINEAU, A. BARTH, R. BASSET, A. BOUCHÉ-LECLERCQ, J.-B. CHABOT, E. CHAVANNES, E. DE FAYE, G. FOUCART, A. FOUCHER, Comte GOBLET D'ALVIELLA, I. GOLDZIHER, L. LÉGER, Israel LÉVI, Sylvain LÉVI, G. MASPERO, Ed. MONTET, P. OLTRAMARE, F. PICAVET, C. PIEPENBRING, Albert RÉVILLE, M. REVON, J. TOUTAIN, etc.

Secrétaire de la Rédaction : M. Paul ALPHANDÉRY.

A. CABATON

RADEN PAKU, SUNAN DE GIRI
Légende musulmane javanaise

PARIS
ERNEST LEROUX, ÉDITEUR
28, RUE BONAPARTE (VIe)
1906

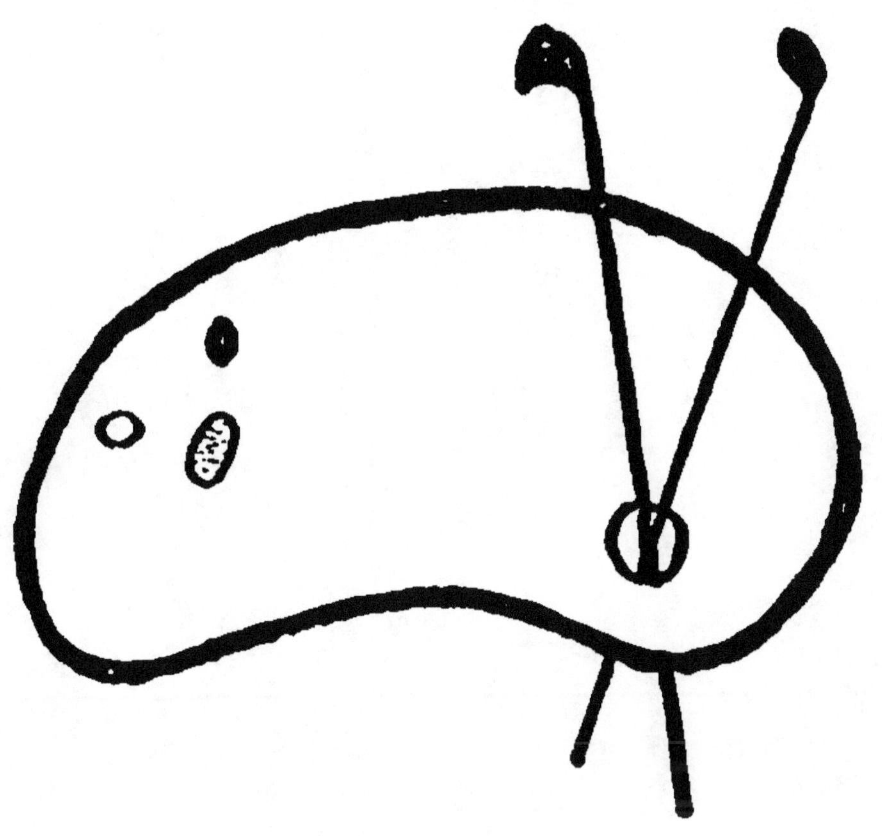

FIN D'UNE SERIE DE DOCUMENTS
EN COULEUR

RADEN PAKU, SUNAN DE GIRI

LÉGENDE MUSULMANE JAVANAISE

RADEN PAKU, SUNAN DE GIRI

(LÉGENDE MUSULMANE JAVANAISE)

TEXTE MALAIS, TRADUCTION FRANÇAISE ET NOTES

Par Antoine CABATON

En copiant le manuscrit n° 792[1] de la Bibliothèque de l'U-
niversité de Leyde[2], en vue de la publication d'un *Wuk*

1) Ce numéro d'ordre correspond à l'article CCCXXXIX (col. 3302) du
talogus c. de Maleische en Sundan. handschr. d. Leidsche Univ.-bibliothe
door H. H. Juynboll, p. 303.

2) C'est la copie d'un manuscrit conservé à la Bibliothèque de la Société As-
tique de Londres — qui m'en a gracieusement accordé le prêt en 1901, — fais
part de la collection Raffles et portant le n° 11. En voici la description : In-
(200 × 300 mm.) de 103 feuillets, Papier vergé hollandais. Belle écriture nesk
malaise du commencement du xix° siècle; 15 lignes à la page. Le ms. éta
ouvert, les deux pages qui se font vis-à-vis, portent en chiffres rouges,
même folio. Têtes de chapitres, particules introductives dans le texte ('
ادوعوث, etc.) et monogrammes rouges. 30 figures enluminées de couleurs vir
représentant les 30 *Wukus*. Reliure orientale en basine noire, avec fers repr
sentant une fleur de lis. La partie rabattue de la couverture est doublée
soie jaune à gros grain. Sur le dos, en haut, un M. Un pièce de titre rou
porte : WU[KON] || JAW[A] || PINDAH || BAHASA || MALAYU ||.
Dulaurier a connu ce manuscrit (Cf. *Rev. des Deux Mondes*, 15 juillet 181
p. 13-16). Il en a fait une copie (incomplète pour le détail), suivie du calque s
papier végétal des 30 figures. Elle est aujourd'hui déposée à la Bibliothèqu
nationale, fonds malais-javanais n° 8.
On me permettra, pour en faire connaître le contenu, d'extraire d'un mémoir
en préparation sur le calendrier et l'astrologie malayo-javanais, le sommair
de cet ouvrage :
Wukon jawa di pindah pada bahasa malayu « Traité des *Wukus* javanai
traduit en malais » :
I. Noms et description des 30 *Wukus* ou périodes de l'année civile. Les dieu
qui président aux *Wukus*, leurs attributs (arbre, oiseau, bannière). — II. Com
position de l'année malayo-javanaise. Les *riäkal* ou moments critiques d
l'année et indication du jour où ils se manifestent. — III. Les *pasaran* ou jour
de marché. (Ils forment une semaine de cinq jours portant les noms suivants

je me suis aperçu qu'il renfermait encore un petit texte, dont je n'ai pu établir la provenance et qui semble avoir échappé au consciencieux rédacteur du catalogue des manuscrits malais de cet important dépôt.

C'est une variante inédite de la légende de Raden Paku (ou Sunan Giri), un des principaux propagateurs de l'Islam dans l'est de Java. En dehors même de son intérêt historique, elle apporte une contribution estimable à l'histoire des mythes.

Le manuscrit où se trouve notre légende, tout entier de la main du savant indologue Hermanus Neubronner van der Tuuk, est un cahier brun cartonné, de 158 × 198 mm., renfermant 96 pages (dont 14 blanches) d'un papier gris bleuté, un peu épais. Les feuillets sont pliés en deux, la moitié de droite étant réservée aux notes. L'écriture est mauvaise, mais plus facile à lire que celle des écrits postérieurs de van der Tuuk, ce qui permet de supposer que le manuscrit a été exécuté vers 1865, époque à laquelle il rédigea son *Short Account of the Malay Manuscripts belonging to the Royal Asiatic Society*[1], où est mentionnée, sous le n° 11, la traduction malaise du *Wukon* javanais qui forme la plus grande partie du codex 792. L'encre a lentement corrodé le papier et les caractères transparaissent à l'envers des feuilles. Tout le cahier est folioté au crayon.

purement indigènes et fort anciens : *Lagji, Pahiñ, Pon, Wagi* et *Kliwon*. L'étymologie de ces mots est incertaine]. — V. Les *saik tu turunan* ou jours qui concordent avec ceux de la semaine de cinq jours. — VI. L'*anggara-kasih*. [Rencontre, regardée comme tout à fait faste dans un mois, d'*anggara* (= skt. *anggaraka*) « mardi », jour de la semaine de sept jours, avec *kliwon*, le dernier jour de la semaine indigène. Les mois où il n'y a pas d'*anggara-kasih* sont néfastes.] — VII. *Win la* ou cycle de 8 ans. Chaque année est désignée par une lettre arabe, savoir : ١, ح, ج, ٮح, ٥, د, ٮ, و. — VIII. Les heures critiques du jour. — IX. Les *mausim* (ar. موسم ?) ou saisons. Cf. « moussons ». — X. Les divinités qui protègent ou veillent sur le jour : Brahmā, Viṣṇu, Yama, Brhaspati, Indra, Sitā, Deví, Umā, Çrī. Leur figure. — XI. Des cycles. — XII. Il y a 80 cycles de 30 ans. — XIII. Comment on détermine les *neptus* [ou chiffres cabalistiques servant à calculer le jour par lequel doit commencer une année quelconque d'un cycle donné]. — XIV. Époques et jours favorables pour s'occuper d'une affaire, vaquer aux travaux des champs, etc.

1) *J. R. A. S.*, 1866, p. 85-135.

Voici le détail de son contenu :

Fol. 1-36. Wukon ;

— 37-41. Légende de Raden Paku.

Les premiers mots de cette légende (fol. 37) sont précédés des quelques lignes suivantes : *Maleische vertaling van het Jav. stuk in v. De vertaling ‖ is tusschenregelig en in Italiaansch karacter ; maar daar de spelling ‖ zoo onregelmatig is, hebbe ik het in het Arabische overgebragt ‖ daarbij zoorguldigst aanteekende die woorden waarvan de ‖ transcriptie onzerzeker is. Vgl. Roorda v. Eijs., Land- en Vol ‖ kenkunde, Boek III, d. I, bl., 162.* « Traduction malaise d'un fragment javanais dans U (?). La traduction est interlinéaire et en caractères italiens (= latins) ; mais comme l'orthographe est trop irrégulière, je l'ai reportée en caractères arabes ; de plus, j'ai noté soigneusement les mots dont la transcription est incertaine. Cf. P. P. Roorda van Eysinga, *Handboek der land- en volkenkunde, geschied-, taal-, aardrijks- en staatkunde van Nederlandsch Indie* (III. boek., I. deel), Amsterdam, bij L. van Bakkenes, 1841, p. 462 »[1].

J'ai reproduit scrupuleusement le texte de van der Tuuk et les mots en caractères latins des marges ont été renvoyés en note. Le titre qui manquait dans l'original est ajouté. Les notes que j'ai cru devoir joindre à ma traduction sembleront peut-être trop développées : il m'a paru difficile de les faire plus succinctes tout en restant compréhensible. Enfin, cette légende analysée dans Raftles, lui a été empruntée en partie par Rienzi (*Océanie*, t. I, p. 183 b). Hageman en donne une version dans son *Handleiding* (t. I, p. 27, § 53-54) et le *Tijdschrift voor indische taal-, land- en volkenkunde* de la Société des arts et des sciences de Batavia en renferme une

1) Traduction de ce passage du *Manuel de Roorda* : « Voici la généalogie du sublime Envoyé de Dieu, jusqu'à S. A. l'Empereur Ratu, prince de *Giri Kedaton*. Le prophète Mahomed engendra la noble Fatimah ; la noble Fatimah enfanta Bagédo Hasan ; B. H. engendra Djexal Noalim ; D. N. engendra Djexal Noamidin ; D. N. engendra Djexal Kobro ; D. K. engendra Satiou Djemadil Kobro ; S. D. K. engendra Maholan Izaak ; M. I. engendra S. A. l'Empereur Ratu de *Giri Kedaton* ». (Chap. xiv, *Javaansche Kronijken*, § 18).

autre[1]. Plus récemment Veth, dans son magistral ouvrage sur Java (t. II, p. 189-190) l'a encore rapportée dans ses grandes lignes. Le regretté Dr J. Brandes en offre un sommaire dans son précieux index de la *Chronique du pays de Java*[2], publiée en javanais par Meinsma. J'en passe : un dépouillement plus attentif des périodiques nous montrerait sans doute que d'autres encore ne l'ont pas non plus ignorée.

Au point de vue de la langue et du style, la légende de Raden Paku, que nous donnons ici, a les défauts de toutes les traductions interlinéaires de ce genre : obscurité et admission de mots javanais. Ses nombreuses lacunes semblent indiquer que l'original javanais est une adaptation maladroite d'un récit plus développé, faite sans aucun souci de résumer les parties supprimées. Il en résulte que les événements sont parfois dépourvus de toute espèce de lien. Il ne sera donc pas inutile de faire précéder notre version de quelques éclaircissements empruntés aux *Babads* ou chroniques javanaises[3].

A Java (comme au Cambodge ou au Champa), il est périlleux de faire état, pour écrire l'histoire, des traditions ou des annales indigènes, tant la vanité nationale, l'ignorance, le goût du merveilleux les défigurent à plaisir, surtout quant à l'ordre chronologique. D'autre part les relations européennes capables de servir de contrôle font le plus souvent défaut, sauf pour la période contemporaine. Force a donc été, aux historiens de ce pays, d'en revenir aux sources locales en les rectifiant l'une par l'autre, surtout au moyen des monuments, tombeaux ou mosquées, pour dégager autant que possible de l'appareil légendaire, le fond historique et vraisemblable.

<hr>

1) 1e Deel II, p. 277 sqq. — Voir aussi dans le même recueil, deel XXIV, afl. 3 (1877), p. 279-295 : *Eene Episode uit de geschiedenis van Madjapahi* door F. S. A. de Clercq, p. 235-287.

2) *Register op de proza-omzetting van de Babad Tanah Jawi* (Verh. v. h. Bat. gen., deel LI, 1e st., 1900).

3) Pour la partie historique qui suit, Cf. Veth, *Java*, t. II, p. 182-201. Hageman, *Handleiding*, t. I, p. 23 sqq. — *Babad*, naar het Javaansch door Dr. D. C.

Le héros du récit que nous publions plus loin, Raden Paku, a été un des premiers *Walis*[1] ou apôtres de la foi musulmane dans l'est de Java.

Il est fort malaisé d'assigner une date à la première apparition de l'Islam dans l'Archipel ; il y fut apporté très probablement vers le XIII° siècle par les marchands arabes qui essaimaient alors vers toutes les mers de l'Orient et qui, pleins d'enthousiasme religieux, prêchaient leur doctrine dans tous les ports où ils trafiquaient. Il est possible que dès ce moment ils employaient la tactique encore en usage aujourd'hui parmi les musulmans malais, soit pour prêcher l'Islam dans les parties encore païennes de l'Archipel, soit pour convertir des nations étrangères : partant des ports, ils pénètrent dans l'intérieur du pays en remontant le cours des fleuves ou des grandes rivières, s'installent dans un endroit déterminé, s'y marient et commencent par leur femme et sa famille la conversion du groupement choisi.

La nouvelle religion s'introduisit d'abord doucement, opérant sur un petit nombre, mais elle ne fit de réels progrès que quand la conversion des princes, grâce à l'influence ou au zèle des Walis, amena celle des masses sujettes.

Tout l'est de Java fut ainsi soumis à la loi de Mahomet par la ferveur ou l'habileté d'une poignée d'hommes, presque tous d'origine arabe, qui couronnèrent leur œuvre, en 1478 de notre ère, par la ruine du grand empire hindou de Madjapahit qu'ils avaient vainement tenté, à plusieurs reprises, de rallier à l'Islam.

Le premier de ces Walis musulmans, Maulânâ Malik Ibrahîm, descendait de Zeinu 'l-Âbidîn, dans lequel certains historiens veulent reconnaître 'Ali, fils de Hussêin et arrière-petit-fils du Prophète, ce qui aurait du moins le mérite d'expliquer le caractère nettement shaféite de l'Islam de cette partie de Java. Malik Ibrahîm était aussi neveu du râja de

Mounier (*Indisch Magazijn*, Batavia, 1845, t. I, p. 33-40). Van der Berg. *Mahommedanisme* (Encycl. v. Ned.-Indiä, s. r.).

1) Arabe ولي « saint ».

Cermen, contrée de l'Inde que l'on ne sait où placer. Dans le but de propager sa religion, il vint avec quelques coreligionnaires s'établir à Lerén, à six milles de Grissé ou Gĕrsik. Il y réussissait quand son oncle le râja de Cermen, non moins zélé que lui, débarqua dans le pays afin de gagner à l'Islam l'empereur de Madjapahit, Aṅka Wijaya ou Bra Wijâyâ[1]. Il comptait pour y parvenir beaucoup sur l'éclatante beauté de sa fille qu'il voulait lui donner en mariage. Une entrevue solennelle eut lieu entre les deux princes : Aṅka Wijaya fut ému, non convaincu. En rentrant à Lerén, le râja vit par contre sa fille et trois des cinq neveux qui l'avaient accompagné à Java mourir brusquement. Il confia leurs tombeaux à Malik Ibrahim et voulut s'en retourner dans son pays; en route il perdit encore ses deux derniers neveux. Aṅka Wijaya en apprenant cette suite de catastrophes y vit un signe de la colère des divinités et ne voulut plus entendre parler d'embrasser l'islamisme. Maulânâ Ibrahim, après une vie exemplaire, se retira à Grissé où il mourut en odeur de sainteté le 8 avril 1419, ainsi que nous l'apprend son tombeau très bien conservé qu'on y voit encore.

Un deuxième Wali, Raden Rahmat, malgré ce premier échec, allait tenter à nouveau la conquête spirituelle de Madjapahit. Ce Raden Rahmat était petit fils du roi de Champa en Indochine, qui avait deux filles; l'une Darawati, plus connue

---

1) Lassen (*Indische Alterthumskunde*, t. IV, p. 489) avait proposé une étymologie du nom de ce prince, que van der Tuuk réfuta en ces termes : « Que *Bro Wîdjaya* (= *Brawidjaja* ou *Brawidjaja*) puisse être rattaché au sanscrit *Bhrowidjaja* (= Bhrûwijaya] est très invraisemblable, car *bro* est ici à la place de *brâ* ou *bra*; ce *bra* est peut-être bien le sanscrit *abbhra* « nuage », ou encore le kawi *abhrâ* « briller », parce que l'*a* étant considéré par les Javanais comme un préfixe verbal, est souvent supprimé devant les substantifs. Quoi qu'il en soit, dans les légendes malaises et dayakes, Bra Widjaya est pris comme le nom propre des princes de Madjapahit ». (*Lassen's Geschiedenis van den Indischen Archipel*, door Dr. A. W. de Klerck..., Utrecht, C. van der Post Jr., 1862, in-8° p. 52, note.) — Comme je l'ai écrit ailleurs (Aymonier et Cabaton, *Dict. čam*, p. 326 b), *brâ* ou *bra* n'est à mes yeux qu'un titre honorifique se retrouvant chez d'autres peuples de civilisation indienne. Cf. birman *bhûrah*; čam *bara*; kh. *prâḥ* siamois *phrâḥ* et — peut-être — le skt. *vara*.

sous le nom de Ratu putri Champa, était devenue l'épouse
favorite d'Aṅka Wijaya ; l'autre mariée à un Arabe, zélé musulman, avait donné le jour à Raden Raḥmat. Quand Raḥmat
eut vingt ans, il s'embarqua avec des présents et des lettres
de ses parents pour la cour de Madjapahit. Il y fut très bien
reçu par sa tante et par Aṅka Wijaya, sans obtenir la conversion de celui-ci : toutefois le souverain de Madjapahit accorda
à son neveu le gouvernement de 3.000 familles à Ampèl,
là où s'élève aujourd'hui Sourabaya, avec permission d'y
pratiquer son culte. Ampèl devint dès lors un foyer de propagande pour l'Islam par les soins de Raḥmat qui, le premier
des Walis, porta le nom de Susuhunan ou Sunan (Sa Sainteté)[1].
Il mourut avancé en âge et vénéré de tous en 1467 ; on voit
encore aujourd'hui son tombeau à Sourabaya.

C'est d'Ampèl que partit un autre Arabe, Maulânâ Ishaḳ,
surnommé Ahlu 'l-Islâm, le guérisseur miraculeux de la
fille du râja de Balambangan et père de notre héros, Raden
Paku, le plus célèbre des Walis, sous le nom de Sunan
Giri.

Raden Paku, envoyé par sa mère adoptive étudier la
théologie à Ampèl, après avoir été merveilleusement signalé
à l'attention de Raden Raḥmat, dont il épousa la fille part
en pèlerinage avec son beau-frère Maḳdum Ibrahim pour la
Mecque. A Pasei, les voyageurs rencontrent Maulânâ Ishaḳ
qui, sans se révéler à son fils, lui dévoile que ses destinées
doivent se dérouler dans l'Archipel et qu'il lui faut retourner
à Giri construire une mosquée. Raden Paku obéit, apprend
de Raden Raḥmat qu'il a vu, sans s'en douter, son père, bâtit
une mosquée à Giri, convertit des milliers d'idolâtres, et,
sous le nom de Sunan Giri, fonde la dynastie des princes-
prêtres de Giri dont le pouvoir spirituel était tellement
étendu que les premiers Hollandais qui en entendirent parler
les regardaient comme une sorte de papes musulmans des
Javanais.

1; Cf. p. 3.0, note 1.

Sunan Giri était si vénéré qu'à la mort de son maître et beau-père, Sunan Ampèl, le souverain de Madjapahit le nomma presque de force régent d'Ampèl et de Gĕrsik. Il mourut, dit-on, en 1489 de notre ère, cinq ans après la chute de Madjapahit et le triomphe de l'Islam. On montre encore son tombeau sur la colline de Giri et dans un coffre de fer, le kriss fait, sur l'ordre du troisième Sunan de Giri, avec le calame dont Raden Paku se servit pour écrire et qui joua un rôle si merveilleux dans la déconfiture des Çivaïtes.

A côté de Raden Paku, deux autres fils de Raden Raḥmat, ses beaux-frères, Maķdum Ibrahim, plus connu sous le nom de Sunan Bonang, et le sunan Dradjat prirent une part active à la conversion de Java.

Sunan Bonang, au retour du pèlerinage à la Mecque, en compagnie de Raden Paku et qu'avait interrompu Maulânâ Ishaķ, s'établit à Bonang, sur la route de Rĕmbang. Il y propagea l'Islam jusqu'à sa mort, en 1492. On vénère sa tombe à Tuban où il a été enterré, dit une légende, parce que les gens de Tuban volèrent son corps comme une relique ou, d'après une autre légende, parce que le vaisseau qui portait sa dépouille à Ampèl refusa obstinément d'aller plus loin que Tuban.

Sunan Kusen ou Pangeran Sherif prêcha l'islamisme à Dradjat, aujourd'hui résidence de Sĕdayu.

Avec Sunan Kusen qui convertit Madoura et Sunan Gunung Jati (= Sheikh Nur-ed-din Ibrahim Maulânâ Isrâ'il) qui porta l'Islam dans les îles de la Sonde et fonda la dynastie des sultans de Chĕribon, nous connaissons les plus célèbres adversaires de l'hindouïsme dans l'Archipel.

Le mouvement paraît, en somme, être d'origine étrangère et graviter, soit par réalité, soit par simplification enfantine propre aux légendes, autour de Raden Raḥmat, père, beau-père ou guru des autres Walis.

C'est même au lit de mort de Raden Raḥmat que les huit Walis alors existants jurèrent, d'accord avec le mari de sa petite-fille, le remuant Raden Patah, régent de Dĕmak, la ruine du dernier rempart de l'hindouïsme, Madjapahit.

Les traditions locales rapportent que cette guerre contre Aṅka Wijaya — ou ce qui est plus vraisemblable, étant donné les dates, contre un de ses successeurs de même nom — fut pour Raden Patah l'occasion d'une légitime vengeance, autant que d'assouvir son ambition. Raden Patah était, disent-elles, le fils d'une concubine chinoise d'Aṅka Wijaya qui aurait sacrifié celle-ci à la jalousie de la princesse de Champa. Il la maria enceinte à un de ses fils, Arya Dēmar, nommé régent de Palembang. Après avoir mis au monde Raden Patah, elle eut d'Arya Dēmar, Raden Kusen. Les deux princes furent élevés dans l'islamisme, auquel Arya Dēmar avait été secrètement gagné par Raden Raḥmat dès qu'il débarqua dans l'Archipel. Devenus grands, les deux princes furent envoyés à la cour de Madjapahit. Raden Kusen seul s'y rendit, son frère gardant rancune du sort fait autrefois à sa mère. Il épousa la petite-fille de Sunan Ampèl et alla fonder Bintara (depuis Dēmak). Appelé à Madjapahit pour rendre raison de cet établissement, il reçut l'accueil le plus bienveillant, sans abandonner ses projets de vengeance. Dès lors il ne cessa de s'agrandir et de resserrer ses liens avec tous les Walis ; Raden Raḥmat mort, il conjure avec eux la ruine de Madjapahit. Malgré la bravoure des armées hindouïstes commandées par son propre frère, le fidèle Raden Kusen, grâce aux prodiges nombreux en faveur des musulmans — et sans doute à leur enthousiasme religieux plus grand —, Madjapahit tomba en 1478, les derniers Çivaïtes poursuivis sans relâche se réfugient à Bali. La victoire est définitive dans l'est de Java.

Ainsi s'établit, d'après les traditions indigènes, dans la partie orientale de Java, la domination musulmane qui y règne encore.

HISTOIRE DE RADEN PAKU

(TRADUCTION)

———

Voici la généalogie de Mahomet, prophète de Dieu (que Dieu le bénisse et lui donne le salut!), d'où est issu le Sunan[1] ratu[2] de Giri[3] Kĕḍaton[4].

Le Prophète de Dieu engendra devi[5] Faṭimah : devi Faṭimah engendra Hussein ; Hussein engendra Zaīnu 'l-'Alam ; Zaīnu 'l-'Alam engendra Zaīnu 'l-'Âbidīn[6] : Zaīnu 'l-'Âbidīn engendra Zaīnu 'l-Kûberrī, Zaīnu 'l-Kûberrī engendra Saīd Jamâdi 'l-Kûberrī ; Saīd Jamâdi 'l-Kûberrī engendra Sheikh Maulânâ Ishaḳ ; Sheikh Maulânâ Ishaḳ engendra Sunan Ratu de Giri, Kĕḍaton de Gĕrsik[7].

1) *Sunan* (abréviation de *Susunan*, *Susuhunan*), titre honorifique javanais qui correspond au skt. *çri* « vénérable ».

2) *Ce* mot, nettement malayo-polynésien, se retrouve dans toutes les langues indonésiennes, sous la forme *ritu* et *ḍatu* avec le sens de « prince », « seigneur », « roi ». — *Ratu mai Bulu*, est aux îles Fidji le titre de la déesse des fruits de la terre. Cf. Kern, *Fidjitaal*, p. 161-165.

3) Giri, colline à 3 pals de Gĕrsik, renfermant le tombeau de Raden Paku, ou susuhunan Giri, disciple de Malik Ibrahīm, l'un des premiers prédicateurs de l'Islam à Java [1 pal = à Java, 1.507 m. ; à Sumatra, 1.851 m. (1 mille = 1.852 m.)].

4) « Des ruines, connues sous le nom de Kĕḍaton (en jav. « résidence royale »), se voient à la partie la moins élevée du versant ouest de l'arête montagneuse d'où s'élève l'Argápurá, très près de la limite de Probolinggo, et à 4 ou 5 milles du sentier qui conduit de Kraksaan vers Tangul... » Veth, *Java*, II, p. 1058. — « Plus remarquable, près d'Andeng Biru, sur le versant ouest de l'Argápurá, est un temple ruiné appelé Kĕḍaton, par les indigènes... à droite de l'escalier se voient quatre chiffres, placés dans un cartouche, entre deux rosaces, où Friederich croit lire le millésime 1251 ou 1281... » Veth, *ibid.*, p. 117.

5) Devi, en skt. « déesse », « reine ». Ici, titre honorifique.

6) Autre nom d'Ali, fils de Hussein, arrière-petit-fils de Mahomet, le dernier des douze Imâms. Cf. Ibn Khallikan, éd. de Slane, p. 112. — Malik Ibrahīm, guru de Raden Paku, était un descendant de Zaīnu 'l-'Abidīn.

7) Voici les renseignements que donne l'*Encyclopædie van Nederlaasch-Indië*

Or le Sheikh Maulânâ Isḥaḳ habitait la ville de Pasei[1], au pays d'outre-mer. Avant la naissance de Sunan Ratu, il parcourut le pays de Java, puis alla au royaume de Balambangan[2] afin d'y vivre en ascète, dans la montagne.

Quelque temps après, la fille du râja de Balambangan tomba dangereusement malade ; tous les astrologues furent conviés à consulter leur tables[3] et lui donner des remèdes,

sur Gĕrsik : « Gaissĕa (Gresik, Garsik, Droogland [= Le Pays sec]. Assistance-Résidence à Java, résidence de Surabaya, comprenant une régence et une section de contrôle de ce nom et trois districts : Grissée, Bengawandjero et Gunung Kendeng) ».

« Grissĕa (Gresik [Garĕsik] ou Tandés). Chef lieu de l'assistance-résidence de Grissée, résidence de Surabaya, situé sur le détroit de Madura et sur la grande route, le long de la côte nord de Java. C'est une localité déchue, qui eut un grand commerce et une active navigation ; son port, autrefois très fréquenté, n'attire plus que quelques caboteurs. Là débarqua et s'établit le premier prédicateur de l'Islam, Maulan Malik Ibrahim, dont le mausolée, bien entretenu, est encore très vénéré ».

Voir aussi W. P. Groenevelt, *Notes on the Malay Archipelago and Malacca. Compiled from Chinese sources* (Verh. v. h. Bat. Gen., deel XXXIV, 1e stuk,

Batavia, W. Brunning, 1877, gr. in-8°), p. 45-55 (单兒昔 *Kĕ-r-sih* et 吉力石 *Ki-li-sik* sont des transcriptions de Gĕrsik, mais 朋村 *Ts'e, ts'un* « Dung-village » est le nom chinois de cette ville).

1) Ce n'est pas le *Pasei* de Sumatra (*Pasai, Pasé*) dépendant d'Acheh (Atjeh Atchin), mais le *Pasei Malakka* des *Babads* (chroniques javanaises), d'ailleurs inconnu. Cf. Veth, *Java*, II, p. 188.

2) Blambangan (Balambangan). District de la partie sud-est de Java, assistance-résidence de Bañuwangi, résidence de Besuki, sur le détroit de Bali. En grande partie, soit tout boisée très peu habitée. C'était autrefois le siège d'un puissant royaume hindou qui comprenait la résidence de Besuki et de Probolingo presque tout entières, mais qui, à la suite d'une guerre commencée en 1637, fut occupé en 1639 par le sultan de Mataram. Pour enlever aux princes de Bali la possibilité de venir s'y établir, les habitants, réduits en esclavage, furent exilés à Mataram. Cependant ce royaume paraît avoir gardé jusqu'en 1697 son autonomie, époque à laquelle son dernier prince fût détrôné par Surapati. Cf. *Encycl. v. Ned.-Ind., s. v. BLAMBANGAN.* — Sur l'histoire de ce pays, consulter : *Verslag over een bezoek Bilambangan, door Dr. J. Brandes (Tijds. v. Ind. taal-, land-, en volk., deel XXXVII, Batavia, 1894).*

3) نجوم *nujûm*, traités d'astrologie, ici, espèces de tables donnant la description des génies, des divinités ou des astres qui président à chaque heure du jour, avec l'indication de leurs influences et des remèdes qu'il convient d'em-

mais ils ne lui firent aucun bien. Alors le roi fit chercher un paṇḍit[1] dans la montagne, habile à donner des remèdes. Le messager, arrivé dans la montagne rencontra par hasard Sheikh Maulânâ Ishak̤, et lui dit qu'il avait ordre de chercher une médecine pour la maladie de la fille du roi. Alors Sheikh Maulânâ Ishak̤, selon la volonté du Très-Haut, suivit l'envoyé, en demandant avec ferveur que les habitants de Balambangan devinssent mahométans. Sheikh Maulânâ Ishak̤ suivit donc l'envoyé et parut devant le roi. Le râja lui dit :

ployer. — Chez les Malais, les Javanais et les Malayo-Polynésiens, la croyance aux jours fastes et néfastes, aux moments favorables ou défavorables pour faire quelque chose est extrêmement répandue. Les Malais appellent ces moments et les figures ou diagrammes au moyen desquels on les calcule *kutika, kotika, katika* ou *ketika*. On dérivait ce mot du skt. *ghatika*, mais le Dr Kern — cf. B. E. F. E.-O., t. IV, p. 475 — a démontré qu'il vient plutôt du mot tamoul *katikai* « temps, moment », d'origine pràcrite et qu'on retrouve en pâli sous la forme *katika* « promesse, engagement ». J'ai adopté cette dernière étymologie pour expliquer le mot čam *katika* (V. Aymonier et Cabaton, *Dict. čam*, p. 48), mais M. Aymonier et moi, mal informés par les indigènes, n'avons pas donné le sens complet de ce terme, qui désigne sans aucun doute, une table ou traité astrologique ou horoscopique analogue aux *kutikas* malais et javanais. Ajoutons que le mot et la chose sont en batak *hatika*, en dayak *katiku*, en bougui *kotika*, et en makassar *kutika* et *ketika*.

Dans le *kotika lima* (*lima* = 5), le jour est divisé en cinq parties (*pagi-pagi*, 6 heures du matin; *tenah pagi*, 9 heures du matin; *tenah hari*, midi; *tenah turun*, 3 heures après-midi; *petan*, 6 heures du soir) et présidées par cinq divinités (*Mahaswara* (skt. *Maheçvara*), faste; *Berma* (*Brahmâ*), tout à fait néfaste; *Kâla* (id. = *Çiva*), néfaste; *Srî* (*Çrî*), faste, mais à un moindre degré que Mahaswara; *Bisnu* (*Viṣṇu*), ni bon ni mauvais). Les musulmans remplacent les noms de ces divinités hindoues par ceux des cinq prophètes (*Adam, Ibrahîm, Musa, 'Isa, Mohammed*).

Quant au *kotika tujuh* (*tujuh* = 7), ce sont les sept planètes ou *râja bintan* « astres-rois », qui exercent leur influence sur les heures du jour. Elles portent des noms arabes corrompus.

Il existe encore d'autre manières de tirer l'horoscope au moyen de figures d'animaux (tigre, grenouille, éléphant, serpent, etc.) dont on trouvera la description dans les ouvrages spéciaux. Cf. G. A. Wilken, *Handleiding*, p. 588-546; H. A. van Hien, *De Javaansche geestenwereld*, I, p. 152; Favre, *Dict. malais-français*, t. I, p. 311, s. v. كتيكا *kotika*; Van der Tuuk, *Short Account of the Malay manuscripts belonging to the Royal Asiatic Society* (J. R. A. S., 1866), nº 33 (V), 34 (XVI et XXXVI). — Le ms. mal. nº 70 B de la Bibliothèque nationale renferme des diagrammes coloriés ou *kotikas*.

1) En javanais, *paṇḍita* a le sens d'ascète ou d'ermite.

« Je demande un remède pour ma fille qui esttrès malade. »
Sheikh Maulânâ Ishaḳ répondit : « Eh bien nous accéderons
(à votre désir) par la volonté du Dieu Très Haut, mais nous
voudrions que le roi puisse embrasser l'Islam ! » Comme le
roi était fort attaché à son enfant, il y consentit. Alors le
Sheikh Maulânâ Ishaḳ donna un médicament à la fille du roi
et elle ne tarda pas à guérir. Or, suivant la promesse du râja
de Balambangan, quiconque dans son royaume guérirait sa
fille, l'aurait pour femme. On maria donc cette princesse (à
Maulânâ Ishaḳ). Mariée et pleine de tendresse pour son
époux, elle devint enceinte.

En ce temps-là, parmi les gens de Balambangan, les uns
étaient musulmans, les autres ne l'étaient point. La princesse était grosse d'environ quatre mois, quand le Sheikh
Maulânâ Ishaḳ se présenta au roi et lui demanda à retourner
au royaume de Pasei ; ensuite il adjura sa femme de garder
fermement la foi musulmane [1]. Peu de temps après la princesse mit au monde un fils d'une grande beauté et, au même
moment, une violente épidémie s'abattit sur le royaume.
Ceux qui étaient malades le matin, mouraient le soir ; ceux
qui étaient frappés le soir succombaient le matin et rien ne
pouvait apaiser ce terrible fléau. Alors le roi de Balambangan convoqua tous les anciens, tous les astrologues et
leur dit : « Pourquoi ce redoutable mal s'est-il emparé du
royaume ? » Les astrologues répondirent : « Cela provient
de la naissance de votre petit-fils ; votre petit-fils porte
malheur à l'extrème [2]. Bien avant d'ailleurs, cette calamité a
pour cause première que vous avez mandé le seigneur Mau-

1) Rienzi (*Océanie*, t. I, p. 183 b) fait le récit suivant, d'après Raffles, *Java*,
II, p. 111 sqq. de l'événement qui motiva le départ de Maulânâ Ishaḳ : « Un jour,
son mari (M. I.) étant assis auprès de son beau-père, il lui conseilla d'accomplir
sa promesse en se convertissant à la vraie foi. Le prince se mit tellement en
colère, qu'il voulut frapper le cheik, celui-ci alla en toute hâte prendre congé
de sa femme, l'exhorta à continuer la pratique du mohammédisme, et partit
pour toujours ».

2) *tutuh tuwan itu terlâlu panassa*, litt. : « votre petit-fils est extrêmement
chaud ».

lâna Ishaḳ. Il convient donc de faire jeter votre petit-fils à la
mer afin qu'il meure : ne laissez pas le mal s'implanter ici. »
Alors le roi suivit le conseil des astrologues, il fit faire une
caisse où l'eau ne pouvait pénétrer. La caisse prête on y dé-
posa le petit-fils du roi, et le râja ordonna de la jeter à la
mer : ceux qui l'avaient jetée s'en retournèrent, mais la
mère de l'enfant resta à l'endroit où la caisse venait d'être
jetée. Plus tard la princesse mourut et on l'enterra sur le
rivage en ce lieu même.

Après ceci vient l'histoire qui suit. Lorsque sur l'ordre de
ñai Gëḍó Penatih[1], du royaume de Gërsik, une barque qui
avait fait voile sur Bali, arriva à l'embouchure du fleuve de
Balambangan, un vent violent du nord-est s'éleva. La barque
jeta l'ancre. Vers minuit une lueur flottante descendant le

1) Suivant Hageman, *Handleiding tot de kennis der geschied., aardrijksk.,
fabelleer... van Java*, Batavia, 1852, p. 27, § 53, ñai Gëḍé Penateh était la
veuve de kyai Sambodjo, ancien ministre d'État à Blambangan, qui se fit mar-
chand et mourut, sans enfants, à Madjapahit, laissant de grands biens. Fer-
vente musulmane, Ñai Gëḍé Penateh avait, dès 1470, une autorité religieuse
considérable à Grissé (ou Gërsik).

Dans une autre version de la légende de Raden Paku, in *Tijdsch. v. Ned.
Ind.* (1ᵉ deel, II, p. 277 sqq.), cette femme est une princesse appelée *ñai Ageñ
Pinate*. On rencontre encore pour ce nom les formes *Pepatih* ou *Pënatih*,
celle-ci plus voisine du *Penatih* de notre texte.

Enfin Rienzi, *Océanie*, t. I, p. 182 b dit que vers l'an 1331 de Java (= 1412
A. D.) « une femme de Kamboïge », nommé Niê-Gedi-Pinatek, épouse du ministre
de ce pays, fut reléguée à Java parce qu'elle était une grande sorcière. Elle
alla implorer la protection du roi de Madjapahit; ce prince la fit *strabandar*
[= شاهبندر *shhbandar*, « roi du port » sorte de consul dans les pays malais.
Cf. Hobson Jobson, s. v. *Shabander*] (chef de port) à Grissé, où il y avait déjà
une mosquée et beaucoup de convertis. Cette femme devint dévote et charitable;
elle est au nombre des aïeules du sousonnan Djiri [= Giri = Raden Paku] ».
— Bien entendu, il n'est pas question du Cambodge indochinois, mais de
Këmbodja ou *Sëmbodja*, ancien nom du pays et de la ville de Palembang
(Sumatra). On sait que nombre de lieux en Extrême-Orient empruntent leur
nom à des plantes. Ici les mots malais كمبوج *këmbôja* (= skt. *kâmbôja* « Mi-
mosa sp. ») et سمبوج *sëmbôja*, désignent tous les deux le Frangipanier blanc
ou Plumeria alba L. (Apocynées). Le nom de cet arbre est en khmèr *čampei*,
mot qui rappelle un peu le mal. *këmbôja*.

courant fut aperçue ; peu à peu elle fut plus proche et les gens de la barque pensèrent que c'était là un esprit de la mer. La nuit fit enfin place au jour et les matelots constatèrent qu'une caisse surnageait, suivant le courant. L'équipage la saisit rapidement et la hissa sur la barque. Puis le vent devenant de plus en plus fort, l'embarcation retourna à Gërsik.

Ensuite cette caisse fut présentée à ñai Gëde Penatih ; ce que contenait l'objet flottant était un petit garçon d'une éclatante beauté et ñai Gëde prit l'enfant avec elle. Longtemps après elle envoya cet enfant étudier à Ampèl [1], dans le pays de Surabaya [2]. Lorsqu'il quitta la maison (de sa mère adoptive), il se dirigea vers le sud et arriva à Batu Taweng : il aperçut alors une coque de noix de coco. L'ayant ramassée, il la mit sur l'eau, monta dedans et navigua jusqu'à Surabaya. Arrivé en ce lieu il alla aussitôt voir le sunan

1) Ampèl (en jav. *Ñampèl*, ville qui possédait jadis la plus célèbre école musulmane de Java fondée par Raden Rahmat, connu aussi sous le nom de sunan Ampèl, et dont le tombeau se voit encore aujourd'hui non loin d'une très ancienne mosquée à haut minaret. Ampèl, si fameuse autrefois, n'est plus maintenant qu'un pauvre quartier (*kampon*) de Surabaya.

2) Surabaya (Sourabaya, Soerabaja), à l'est de Java, port abrité des vents par l'île de Madura. Capitale de la forteresse, résidence et district de ce nom, à l'embouchure de la rivière de Surabaya (formée des kali Mas et kali Pegirian), c'est la ville industrielle et la place la plus importante des Indes Néerlandaises pour le commerce et l'exportation des produits du pays (cacao, café, coton, coprah (amandes de palmier dont on extrait l'huile), etc. et le centre de travail pour les Moluques. Sa population s'élevait à la fin de 1900 à 146.911 habitants (8.500 Européens; 121.840 Indigènes; 13.035 Chinois; 2.701 Arabes; 325 Orientaux étrangers). Fondée au milieu du xv⁰ siècle par Raden Rahmat, sunan d'Ampèl (V. note 1), au lieu même où il s'était établi et mourut en 1467.

D'après un Babad (cf. Hageman, *Handlei l.*, I, p. 33), l'étymologie du mot Surabaya nous est donnée par la légende suivante : Un jour le susunan d'Ampèl et ses disciples assistaient au combat, dans la rivière, d'un crocodile et d'un grand poisson. Le susunan établit une similitude entre la bravoure (en jav. *sura*) de ce poisson s'attaquant à un tel monstre et celle de ses disciples qui songeaient à lutter contre le puissant souverain de Madjapahit, ce qui était une entreprise difficile (en jav. *baya*). L'espèce à laquelle appartenait le grand poisson porta depuis le nom de *sura* et l'endroit où était édifié Ampèl porta plus tard le nom de *Sura-Baya* (Surabaya).

de Bonang[1], qui le présenta à son père, le sunan Makdum[2]. Or le sunan (Makdum) se douta bien que le nouveau venu était étudiant en théologie et fils d'un *lebih*[3].

Cet étudiant apprenait parfaitement bien ce qu'on lui enseignait; il devint vite habile. Une nuit que l'étudiant de Gërsik s'était endormi dans le lieu où les *santris*[4] s'assemblaient en grand nombre, sunan Makdum, se promenant sur l'esplanade[5] de son palais, aperçut dans le *langar* une brillante clarté. Il s'approcha et vit qu'elle émanait d'un *santri*. Il fit alors un nœud au vêtement de ce *santri* et le matin venu, personne d'autre que l'étudiant de Gërsik n'avait un nœud à

1) Sunan Bonang, — connu encore sous les noms de santri Bonang, prabu Nakrakusuma et Makdum Ibrahim — était le fils de Raden Rahmat (= Sunan Ampèl Denta). Compagnon de Raden Paku, il accompagna celui-ci lorsqu'il entreprit de faire le pèlerinage de la Mecque et, lorsque à Malacca son père, Seh Wali-lanaŋ (= Sheikh Maulinâ Ishak), lui ordonna de retourner à Ampèl pour y fonder une colonie musulmane, sunan Bonang l'y suivit. L'habit de prière et le *slendaŋ* — pièce d'étoffe de 7,5 X 2 m. env., plissée en éventail, formant une écharpe plus spécialement portée par les femmes — du Prophète étant tombés des airs dans la mosquée de Démak, sunan Bonang s'opposa à leur partage. Cf. Dr J. Brandes, *Register*, p. 80 a.

2) *Kebetulan dipat sěma sunan bonaŋ lantas di unjuŋkan ayahia sunan maklum.* Je ne trouve pas trace d'un sunan Makom père du sunan de Bonang dans les ouvrages à ma disposition, mais le *Babad tanah Djawi* (Brandes, *Register*, p. 80 a) donnant Makdum comme un autre nom du sunan de Bonang, on peut supposer que Makdum est un lapsus pour Maulinâ Ishak et traduire : « il alla aussitôt voir le sunan de Bonang le sunan Makdum, qui le présenta (plus tard) à son père (Maulinâ Ishak). »

3) Peut-être ليبي *lebi, lěbai*, prêtre musulman du second ordre ou, plutôt, officiant. Cf. javanais *lěbe*; d'un *labai, lilai*.

4) Santri, mot javanais qui signifie étudiant en théologie, théologien ; homme pieux qui étudie la religion musulmane. On appelle قسنترين *pesantrian* ou قسنترين *pesantrèn* les établissements religieux où l'on donne l'enseignement théologique, pon luk (= ar. فندق ; cf. ατ πανδοχειον) l'endroit où habitent les santris; le hall où se font les cours ou les leçons porte le nom de لغكر *langar* à Java et de *tajuŋ* dans les pays soundanais. Voir mes *Notes de bibliographie indo-néerlandaises* (Revue du Monde musulman, décembre 1906, p. 240 sqq.). — Un bourdon y a fait réunir (p. 249) deux ouvrages distincts : le *Tafsir al-Djalalain* et le *Çahih* d'Al-Bokhâri ! Qu'on me permette de le signaler.

5) حلامن *halaman* a le sens de cour ou d'espace découvert au devant d'un édifice et parfois celui de rue ou grand chemin. Cf. batak *alaman* « rue » et tagal *halaman* « jardin ».

son habit. Bientôt il fut loisible à cet étudiant de s'en retourner à Gersik et on lui donna le nom de Raden Paku[1].

Peu de temps après son retour à Gersik, on l'engagea à faire du commerce et il partit pour Bandjar[2] avec le patron du bateau de ñai Gĕdé Penatih. Le patron de la barque avait vendu ses marchandises comme d'habitude, mais Raden Paku ne voulut pas accepter l'argent des acheteurs. Ceux-ci étaient très contents et remplis de respect à l'égard de Raden Paku, parce qu'il s'était montré si généreux. Cependant le capitaine était dans une grande inquiétude de ce qu'il n'avait pas été accepté d'argent pour les marchandises. Entre temps, ils retournèrent à Gersik, la cargaison de la barque consistant en rotins et en fèves[3].

Lorsqu'on parvint au détroit de Bawéan[4], le capitaine et tous les matelots se mirent à pleurer, craignant d'être contraints de rembourser l'argent de ñai Gĕdé. Mais Raden Paku leur dit : « C'est moi-même, qui, par la volonté du Dieu Très Haut, remettrai à ñai Gĕdé son argent. » Alors tous les matelots furent réjouis en leur cœur et lorsqu'ils furent arrivés à Gersik, ils se présentèrent tous ensemble à ñai Gĕdé Penatih. Nai Gĕdé leur demanda : « Vous autres, qu'avez-vous acheté à Bandjar ? » Le capitaine répondit : « Tout l'argent (reçu) pour les marchandises fut mis entre les mains de votre fils, Raden Paku. » Et Raden Paku répliqua : « C'est vrai, mais je n'ai pas voulu recevoir cet

---

1) *Raden*, anciennement *rahadyan* et *hadyan*, a en javanais le sens de « prince » et *Paku* celui de « pivot [du monde] ». — Raden Paku est encore appelé dans le *Babad Tanah Jawi*, prabu (= prince, seigneur) Setmata ou Santri Giri, du nom de la ville où il vivait. Cf. Brandes, *Register*, p. 43 a.

2) Bandjarmasin, chef-lieu de résidence à Bornéo, autrefois le siège d'un sultanat de ce nom, situé par 3°18′ de lat. S. et 114°35′ de long. E. C'est une place de commerce fréquentée. En 1893 sa population s'élevait à 42.518 habitants dont 430 Européens, 39.010 Indigènes, 2.117 Chinois, 921 Arabes et 80 Asiatiques étrangers. Il ne faut pas confondre cette localité avec Bandjar (Préanger) et Bandjar (Bañumas), tous deux à Java.

3) کیرَن *kiran*, ou کجَن *kájan* « feuilles tressées pour toitures ».

4) Bawéan, île de la mer de Java, rattachée à la résidence de Surabaya, par 5°43′ et 5°52′ de lat. S. et 112°41′ de long. E.

argent. » Sur quoi ñai Gĕḍe Penatih irritée, leur fit à tous des reproches. Alors, soudain, Raden Paku ayant levé les bras au ciel et adressé une prière au Dieu Très Haut, prit la parole : « Vous tous, dit-il, remontez à bord, Dieu a rendu en suffisance des marchandises à ñai Gĕḍé Panatih. » Or de tous ces gens, aucun ne le croyait, mais ils durent quand même aller décharger la barque. Il arriva ceci qu'il reçurent l'argent et en outre des marchandises de Bandjar. Et le peuple de Gĕrsik éprouva à l'extrême une crainte respectueuse pour Raden Paku.

Quelque temps après ñai Gĕḍé conçut une grande passion pour Raden Paku et celui-ci lui dit : « Si ma mère est ainsi éprise à mon sujet, qu'elle découvre ses seins et j'y apporterai remède ». Elle découvrit ses mamelles et Raden Paku en suça le lait; par la vertu sainte de celui qui suça, ñai Gĕḍé devint (comme) la propre mère de Raden Paku et en prit grand soin.

Plus tard Raden Paku résolut de faire le pèlerinage. Étant arrivé à Malacca, il rencontra son père qui avait nom Sheikh Maulâna Ishaḳ[1]. Ce dernier voulut se rendre ensuite à la Mecque, mais ne permit pas à Raden Paku de le suivre, alléguant cette raison : « Tu as entièrement accompli ce devoir. Retourne au pays de Java avec la poignée de terre que voici, prise dans l'enceinte de la Ka'abah[2] ». Maulânà Ishaḳ ajouta encore : « Où tu rencontreras encore à Java une terre semblable à celle que je te fais emporter, ne manque pas de t'y établir. » Raden Paku retourna à Gĕrsik et, parvenu à Giri Kĕḍaton Menembesi, il demanda à demeurer en ce lieu, l'année javanaise 1407[3].

Raden Paku fixé à Giri, était jour et nuit en prières, étudiant le Coran, pratiquant l'ascétisme, retiré dans son ermitage, sur le mont Balang. Il y avait quarante jours qu'il

---

1) Maulânà Ishaḳ, surnommé Ahlu 'l-Islim, porte encore dans le *Bābal lanah Jaui* le nom de Seh Wali-lanah. Cf. p. 389, note 1.

2) Le temple de la Mecque.

3) 1485 de notre ère et 890 de l'hézire.

vivait ainsi, quand son corps fut enlevé de sa retraite comme en volant. Or un envoyé de ñai Gĕḍĕ Penatih ayant vu cela, alla en hâte le lui rapporter. Nai Gĕḍĕ fit aussitôt préparer de la nourriture et dès qu'elle fut prête, l'envoya porter dans un pot. Arrivé au mont Batang, l'envoyé, après l'avoir remuée, en fit monter la vapeur jusqu'au corps de Raden Paku ; cela fit descendre l'ascète, puis l'envoyé retourna avec lui à Gĕrsik et Raden Paku reprit là ses études pieuses, auprès du sunan d'Ampĕl.

Pendant que Raden Paku était à Ampĕl, le sunan lui ordonna (un jour) d'aller se baigner dans la rivière. Pendant qu'il se baignait, une grenade flottait sur l'eau. Raden Paku la prit et, son bain achevé, remonta le cours de la rivière afin de s'informer à qui appartenait le fruit (qu'il avait recueilli). A ce moment kyai Gĕḍĕ Bĕñkol s'aperçut que dans son verger de grenadiers, un fruit avait disparu. Il se mit à sa recherche en faisant la promesse que celui qui trouverait la grenade, si c'était un homme, serait l'époux de sa fille et si c'était une femme, qu'elle deviendrait sa sœur. Peu après kyai Gĕḍĕ rencontra le théologien de Gĕrsik et lui dit : Santri ! Santri ! qui êtes-vous ? » Celui-ci répondit : « Je suis un étudiant de Gĕrsik et je cherche à qui est cette grenade ». Aussitôt kyai Bĕñkol leva ses deux mains, exalta et loua le Seigneur, disant : « Louange à Dieu ! »

Ensuite, (afin de tenir sa promesse,) kyai Gĕḍĕ Bĕñkol offrit pour femme sa fille à Raden Paku et celui-ci demanda à Sunan Maḳdum d'Ampĕl la permission (d'accepter), en même temps qu'il informait (du fait) sa mère, ñai Gĕḍĕ Penatih de Gĕrsik. Il se maria ensuite ; marié, il retourna à Gĕrsik avec sa femme et s'établit à Giri Kĕḍaton. Tous les habitants, ceux du côté droit et ceux du côté gauche, le vénéraient, tous respectaient ses ordres et lui obéissaient.

Plus tard, il alla encore vivre en ermite dans la montagne Petakangan. Or ayant acquis par sa sainteté le don des miracles, il déplaça cette montagne qui reçut le nom de mont

Añar[1]. Toujours par la force de ses macérations, une pierre fut changée en éléphant. Longtemps après encore, Pangeran Bintara[2] étant en guerre avec un ennemi qui était son propre père, Brä Widjäyä de Madjapahit, le sunan Ratu de Giri, encore par la puissance de ses austérités, changea un calame ayant servi à écrire le Coran en un kriss magique qui reçut le nom de Kalam Oñeñ. En émiettant du riz cuit desséché et rôti, il fit des abeilles qui allèrent en son nom porter secours à Pangeran Bintara. La légende rapporte que Si Kalam Oñeñ, doué d'un pouvoir magique, pouvait tout seul tuer quelqu'un si on le lui permettait[3].

Longtemps après enfin, les habitants de Giri Këdaton, ceux de gauche et ceux de droite[4], décernèrent à Raden Paku le nom de Ratu Waliu-'llah à cause de sa grande renommée, car tout ce qu'il disait arrivait. Il atteignit l'âge de soixante-trois ans et mourut pour retourner au sein de Dieu, dans le pays des Bienheureux.

1) La nouvelle Montagne? En javanais *hañar* signifie « neuf, nouveau ».

2) Pangeran (= seigneur, prince). Bintara est Raden Patah, fils de Brä Widjäyä et d'une Chinoise que celui-ci avait répudiée. Voir plus haut p. 352.

3) Sur ce kriss, nommé encore *kyai Kalam Mukä* (= le Combattant?), voir l'article suivant : *A propos d'armes et d'autres objets désignés par le Javanais sous les noms de Kjai, Njai, Poen et Si, Kumpodan et Kasiat. Croyances populaires et traditions*, par J. Knebel (Tijdsch. v. ind. taal-, land- en volk., XL [1898], p. 233-296). « A son sujet, dit M. Knebel, la chronique raconte ce qui suit (p. 13 [de l'édition du *Babat tanah Jawi* de J. Meinsma] : Lorsque Praboe Brä Widjäyä apprit que beaucoup avaient déjà fait leur soumission à Giri, il envoya son patih (= ministre. Cf. skt. *pati* « prince, roi »). Gadjahmädä pour punir Giri.

Les habitants de Giri s'enfuirent en désordre au kraton (= palais), juste au moment où Soenan Giri était en train d'écrire. A la nouvelle de l'arrivée de l'ennemi qui devait mettre Giri à sac, Soenan Giri se leva effrayé ; il jeta la plume avec laquelle il écrivait et adressa une prière à Allah.

La plume qu'il avait jetée se changea subitement en un kriss qui, à lui seul, fit une sortie contre l'ennemi.

Beaucoup de dissidents périrent et les autres s'enfuirent à Madjapahit. L'ennemi ayant disparu, le kriss rentra de lui-même et il reçut le nom de *Kjai Kalam-mœnjœng* ».

4) Cf. le čam : *urai ir urai hanuk* « les gens de gauche et ceux de droite. »

حكاية ردن فاك

(Fol. 37 r°) (يورو) ابن سورة سلسلة رسول الله محمد صلي الله (عليه)
وسلم يغ (جاته) سوتن رات دُثبر كداثون

رسول الله برانق ديوي (فاطمه) ديري فاطمه برانق حُسين حُسين
برانق (زَيِنُ العالم) زَينُ العالم برانق زَينُ العابدين ۲ زَينُ العابدين
برانق زين الكُبريَ و زينُ الكُبريَ برانق سيد جماد الكبري سيد جماد
الكبري برانق شيخ مولانا اسحاق شيخ مولانا اسحاق برانق سوتن
رات دُثبر كداتون ثرمق ز

ادفون شيخ مولانا اسحاق ايت تاد تغكل دودق دنگري فاسي
دانه سبروع تمملو برانتكن سوتن رات برزول دي كليلغ دتاند جاد
لنتس داتغ دنكري بلباعن سرت ۱ بوتاف دكونغ لاَم ۲ راج بلباعن
انتن قرطون سنكت كربس سگال نُجمُ درنتاثُ ثغليهت لاكٍ اوبت
تياد سمتي باايكت (fol. 37 v°) جاد راج بلباعن برسروروس دكونغ
جهاري فنديت يغ بيس كاسو ايت اوبت سرومن داتغ دكونغ
كبتون دالت شيخ مولانا اسحاق كت سرومن ايت دسروة جهاري
اوبت ساكن لنري مغلك منُروتي شيخ مولانا اسحاق دثن كهندق

a) Ms. Baca. — b) olairgie. — c) jalms. — d) Ms. Fatima. — e) Ms. jenichieleen. [Ici les restitutions douteuses cessent d'être placées entre parenthèses dans le ms. original et à partir de la note m le sigle Ms. n'y précède plus les mots en transcription latine.] — f) Ms. jenichieleen. — g) jenel kebra. — h) sayeet joemaleel kebra. — i) seeh moaulana ceschrahl. — j) grissee. — k) pati. — l) Ms. altijd [toujours] seranta in pl. v. [au lieu de] sarti. — m) ijarie.

الله تعالي a سرت فرمتاءن شيخ مولانا اسحاق سمولك مورك اورغ
بلباٸن سمو جاد اسلام b حٯك برجالن شيخ مولانا اسحاق سٸم c دٯن
سروٯن داٸغ مٯادٯ راج مٯك كت راج كت منت اورٯ انٮك
فرملوٯن ٮغ ساكت كرس ابت مٯك كت شيخ مولانا اسحاق ايا d
كيت اورٯ منٔروٯيي دٯن كهندٯ الله تعالي تاٯي كيت اورٯ ٮٮدٔ
سٸم راج سمٔوك راج مالٯ e اسلام دره راج كرس جنت سٸم انٯ
ابت جاد راج منٔروٯيي كمدين f ٯتري دكاسٮ اوٮت اي لكس باٸك
مٯك راج بلباٸن منجديكن ٯرجنجيٸن ٮغ سٸٮ g اورٯ مٮباٸكن h
ٯتري سرت نكرين مٯك جدٮكن فرملوٯن كمدين كلون ٮاٮس كلون
ايت ٯتري ترلال جنت سٸم شيخ مولانا اسحاق مٯك لام i ٯتري
ابت اد ٮُنٮٯ كٮٓو ابت اورٯ بلباٸن اد ٮغ اسلام اد ٮغ ٮئاد ابت
ٯتري سكبير بنٮٯ امٮت (fol. 38 r°) برلن شيخ مولانا اسحاق داٸٯ
مٯادٯ راج منت فولٯ كنٯرين دٯاسٮ ٮاٮس ابت مٯك ددٮا h
سمولك دي قون بيبن ٮٮٮكن i اسلام مٯك لام i ٯتري ابت برانٯ
كلور لاٸك j رٮٔان باٸس k سرت نكري l كدتاٸن ساكت لاٯي كربٯ
سكت ٮاٸٮٔ سوري m مات ٮغ ساكت سوري ٮاٸ مات ٮٮٓو ابت
ٮراد منٔولٯٔ ٮولٯ تلال ابيٮٮ n جاد راج بلباٸن ٯنٯٔكٮ انٮيرو o اورٯ
ٮغ توٯ p دٯن سٮٯل ٮجوم o مٯك كت راج بلباٸن دراٸ نكري
كدتاٸن سكت كرس كت سٯل ٮجوم در كٔاٸورٮ جوجٯ تون دان
لاٯي جوجٯ تون ايت ترلال ٯانٮٮ اد ٮون سٔٮاكٮت ٮغ دٮول
ابت در ٯكرجاٸن ٮٮد p مٔٮٓٮٔ تون مولانا اسحاق ادٯون جوجٯ تون

a) a'a tangala. — b) cesselem. — c) iya. — d) masoeka. — e) darie. —
f) kamoedian. — g) membaeekan. — h) dadxa d. i. برتا. — i) lelapken. —
j) lagyes. — k) niegrie. — l) sooree. — m) iboedaja. — n) centerno. — o) noe-
joem. — p) perkerjaꝗan teeboos.

ایت بایك برغکن دلاوت سغاي چلا میلغ چاشنله کنهطاتن a مغك
راج منروتي سرت لکس بیکن b فتي فغ سکیرَ تراد کنا ایرَ، ماسق
سوده ایت فتي جاد جرچق راج ددارا دناره c دالم فتي ایت لکس
دسروه بتؤغ دلاوت مغك ابون مغتوتي d انق مابس فتي دبوغ
کلاوت فغ (fol. 38 v°) مچبوغ قولغ کمبال ماسه منغکري تمفت کیرَ
بوغ فتي ایت تار مغك لام e فنري ایت مت اي f دقبر تفي کاوت
سین جرتُ

مابس ایت ادالا چریت کافن فاي کُدتّ فنائده نکري کُرسق
میچورا g قرودون برلایر دبالِ سمفي کوال بلجابتن داتغ اِئن منُغکاُر
کرس جاد قراه ایت لابد سمفي h تغُد مام ملیهت اد میال دفُت i
تورت دارُس z لام g سمغکن دکت h دکیو سام انق قراه منتُ لاوت
ایت مدم سمتکن i سیَعَ دکتلن چاد فتي دفُت تورت دارُس چاد
اورغ لکس امبل دباو نایكتّ کفراه اتش سمتکن کرس چاد قراه
دلایوکن کمبال دکرسیق m کمدین ایت فتي دانچتکن n سام فاي
کُدتّ فنائده دبُکان ایس انق کمپل لاك 2 سرت باُکس چمباي p
ترغ چاد دامبل انق سام فدّي کُدتّ فنائده مغك لام دان لام ایت
انق دسروه مغاج دامبِل q فتّد سوربای کافن فُتّي r کُسور در روما
جالن کسلاتن سمفي دبتُ تاوغ s لیهت اد تمڤسورغ t کلاف مغك
دامبل دتاره u دایره لنتس دناینك 0 فنُگي w (fol. 21 r°) کسوربای
کمتولن داؤت سام سرنن برنُعَ x لنتس دانچتکن y ایهی : سورنن

---

a) janjan' las kalampatlan. — b) tiekien. — c) kenael. — d) die tarock die
tarock. — e) nanoetoetie. — f) njie. — g) manjaeroe. — h) laboos sampie. —
i) menjalae anjoot. — j) terood arows. — k) semangkeen dekot. — l) semangkeen. — m) grisoe. — n) disenjoekan. — o) pindees. — p) tjaja. — q) ampel.
— r) piegie. — s) tawieng. — t) lampaaroong. — u) laroos. — v) hajar. —
w) di maie. — x) banang. — y) die senjoeken. — z) ajasnja.

مقدوم a مغك سونن مقدوم اد كير ابن سنتري ڬرسق انق اورع

لبه b مغك تڠ داجر مڠاج ترلال لكس ين كاڤن سمڤو سات مالم

سنتري ڬرسق بيدر بكهلل c سنتري باڤق ددالم لڠڬر مغك تڠه

مالم سونن مقدوم كلور دلام d مليهت لڠڬر اد چهاي مڽال e مغك

ددكاتي f جاد سنتري مغك دسمڤل g كابين سنتري ايت سملي

ڤاك تراد لابن سات سنتري ڬرسق ايت ايت ڤڠ ترسمڤل h كابين

مغك لام i دسورو قولغ سرت دكاسد ڽام رادين والك مغك سملي

دڬرسق لام i دسورو داكئ ڠكي دبنجر سام j جراكن ڤاي ڬدي

قناته سملي دبنجر جول دڬاكن كاي ڤڠ سورو كمجلاس جراكن ايت

مغك دڬاكن دبس رادين قدك تياد داؤ تريم اؤك o جاد ڤڠ

سمبلي ترلالو سبك سرت سانت تاكني سام رادين قالك سبب ترلال

سورو ز تنتك جراكن (fol. 30) لبه سوست سبب تياد تريم اوع

دڬاكن مغك لام i دي قولغ كمبال كڬرسق ڬوان قراه تراد لابن

روتن k سام كاجڠ l كاڤن سملي سلد m بوبين n جراكن انتيرو انق

قراه مناڤس o تاكت دسورو ڬنت سكلين p اوع ڤاي ڬدي قنداته

مغك كت رادين قدك كيت سؤرغ دڤن كهندق الله تعالي ڤڠ

تمڠڠ اوڤن ڤاي ڬدي مغك انق q و قراه سمو اد ابنق متين مغك

سلد سمڤي دڬرسق سام r داتغ مڠادق ڤاي ڬدي قنداته كت ڤاي

ڬدي قناته بلبك s اي اڠكوه در بنجر سانت جراكن سكلين اوع

دڬاكن سمو اد دي قون تاڽن t انق ڤاي u ڬدي رادين والك مغك

كت رادين قالك ايا تتاى سهاى تياد تريم ارڤن مغنك ڤاى ڬدي

ترلال مارو سرت كنكري ٥ اورغ ڤغ سموان مغنك لكس رادين قدك

مندادمكن ٥ كدوبله تاٴٴتني ، سرت ممنت كٴد تورن الله ڤغ مهاٴ

تڠنك هابس ابت كت رادين قالك اٴنكو سمو فنڬٴله نابيك كٴراه

سوده كايه الله سرت جونك سكلين مرت ڤاى ڬدي

(Fol. 40 r°) مغنك اورغ ابت سمو تراد قرجهاى مغنك اٴي ٥

دنكنس جوٴنت نابيك بُڠكر قراه مغنك اتزله منجٴد داٴت مرت لاٴنڠ

دكنشن ڤغ در بنجر جٴد انتيرو اورٴع ڬرقٴق نٴلال قٴكت سرت حروت

سام رادين ٴٴنك لام دان لام ڤنٴي ڬدي اد سرٴت برٴٴراٴ/ سام رادين

قٴك كت رادين قٴك كٴلوٴ ايبُ بنڬيٴتُ سرك سام سهاى بُكٴله

سورُ ايبُ سهاى مٴو مغباى ٥ مغنك ايٴا ٴ ذُبكٴن سڬرو رادين

قٴك منست؟ سوٴن ايبُ سرت كلور مٴير سُون سبب كرٴسن ڤغ

منست منجٴد ڤٴى ڬدي سوده مٴسق٥ ايبُ بتل سام رادين قٴك

سرت بٴايك ٢٦ قيٴارٴ مغنك لام ٢ رادين قٴك فنڬٴي نابيك حج m

سڠٴى دملاك داٴت ايهن ڤغ نام شينٴ مرلانا اسحاق لام مرلانا

اسحاق مٴو فنڬٴى دمك نتاٴى رادين قٴك تياد كٴسمٴ تورٴت كرمن

بربلاٴنٴن حال ابت سروه اد اٴنكو سردمله اٴنكو قولٴغ كيبال كتٴاند

جٴو سرت كايه سكڠٴنكم n تٴاند ڤغ در دالم كعبة الله مغنك كت

مرلانا اسحاق دمان اد تٴاند جٴر ڤغ سام دڠن تٴاند ڤغ (Fol. 40 v°) اك

بٴراكن ابت دُدوكٴله اوليم جاٴنن تٴدى ٥ كهدين رادين قٴك قولٴغ

<hr>

a) gegenie. — b) meniralaken. — c) bigaanja. — d) maja. — e) nja. —
f) soeka barahie. — g) kilie. — h) menghabrie. — i) nja. — j) men-sep. —
k) masso. — l) baxe? baxe. — m) hadjie. — n) sagemgem. — o) lida hel zot
قيجق zijn [ce doit être tijas].

كمبال ككرسق مثلك ﭙ a منت اذن داتغ دكيركدانﭭن منباسي b
بيكن تمفت ايت تامن جاو اد سريب امفت راتس تورجه مغلك
سردمي بايك دتمﭭأي سيغ مالم مابس سمبهيغ c ، مغاج قرائن
مغلك تأي ماسق خلوة d دكرنغ باتﭭغ سمفي امفت قولا مارﭭ توربهن
ترجنجغ e ، در خلوة راس تربغ مغلك داتغ سرومن باي ﮔدي فناه f
ملﭙت ﮐﭙﻰ بﮐﭙت لﮑس ﭬﮐﻰ كمبال بيلغ سام باي ﮔدي باي
ﮔدي لﮑس سروه تانده f سروه ماسق سروه باوَ دفن قرﭙﭭفن سمﺔ
ﮔرنغ باتغ دكورق g منﻄفن دسرومكن h توربه رادبن ﭬﺎك مغلك
ايت جاد تورن كباوه كمهدين دبار قولغ ككرسق براق لام دي
ﭬﮐﻰ مغرﭭﭬغ ﮔورُ سرون امﭭيل متله سمﭬﻰ دامﭭيل مابس مغوبغ
دسروه متاﭬ كسرﭬﻰ رتمﭭو ايت منﭬ اد سات بوه دليم مايت i مغلك
دامﭭلن سام رادبن ﭬﺎك مابس سنﭬ دي جالىن كهول تان ز بغ
امﭭون ايت مغلك ادالد كﭔاوه ﮔدي بﮐﮑل k ملﭙت تنامنن l
(fol. 41 r°) دليم ﭙﭬ بوه سات ايت تراد جاد نﮕﻰ چهاري m سرت
دشن دﭬرجنجيكن سباف اورغ ﭙغ دائت كالوَ n لاك ٢ جاد لﮑين
انقلك كالو ﭭرمﭬون ﭙر جاد سودران تياد لام ﻏياه ﮔدي بﮐﮑل دائت
سنتري ﮔرسق كات كﻴاه بﮐﮑل سنتري سنتري من اﯕﻮ ساعتن كيت
اورغ سنتري ﮔرسق چهاري o ﭙغ امﭭون بوه دليم ابن سﮕرو كﻴاه
بﮐﮑل منجنجغ كدوبله تاﺋﻨن p سرت مﭭاج q قوج r سكر دشن قوج
حمد لله s كهدين انق ﭭرمﭬون كﻴاه ﮔدي بﮐﮑل دكاسهكن سام رادبن

a) nja. — b) menebassie. — c) sambahyang. — d) kelvenecet = خلوة. —
e) terjoenjoeng. — f) tanah. — g) korrek. — h) miesrangken — i) anljoet. —
j) ka oeloe tanja. — k) boengkool. — l) tanenmannja. — m) sarie. — n) kalse.
— o) sarie. — p) lagannja. — q) mamboja. — r) torjie. — s) ce mot est biffé.

دأك سهاي جاد ثرومغرفن معکت ايت ن م منت اذن ه سام سونن
مغدري دامفيل سرت ن کاسو تاء دثن إبوڽ پاي کُدي فندته
دکروق کمدين کاون هاڽس کاون معک دبار ڤولڠ دکرسق لتس
دودق دگّيركدائس سرت سبله کان کربن ايت انتيرو حُرمة اي ڤغ
دڤرتنهکن سام دي تورت سمرا براڤ لام دي لنتس برتباي دگرونغ
ڤتُکاٹن مّعک اد کرامتن بيس ميندا گرونغ ايت گرونغ دنّيٽ
گرونغ ايرو، مّعک اد کرامتن لاك بات جاد گّماجه معک لام دان
لام تيمٽو فغيرن ڤِنثار ڤروغ موسٹ بٹن ڤغ برنام برَوِدّاٹٖ d ماجّدّات
(fol. 41 r) ايت سونن رات دگّير اد کرمتن لاك فلم، ڤغ دتارٖ f
سلا و سورٖ قرأن ايت فلم جاد کرس ڤغ نام فلم أوينغ دثن کرامتن h
لاك نابيي کرعٖ i دگّوربيٗ دهٹت j جاد تاوون ن k جاد تاوون
نٟ ايت ڤغ جاد ڤرتلوقننٟ l سونن رات سام فغيرن بنثار دوالم
جريبت سکين m سٹ فلم ڤغ ايت گّالو داذن امق نٟ بيسَ امق
دثن سندربن مّعک لام دان لام انتيرو اورغ سبله کان کربن دگّير
کدّاتٖون ايت ببُت n نماٟ o رات ولِيُ p اللَّه q سرت مشهور r
سبب ايت اي ڤغ دکتناکن جاد مّعک سَّسُردن أسيا عُمرَانم
ڤرله تيٜک تامن وذات ثرولغ کمبال کرحمة اللَّه s نکري فنا t نکري
سغ بقا u